10645945

Tout a une fin
sauf le saucisson
qui en a deux

et autres proverbes
du monde entier

© Éditions Albin Michel S.A., 2001
22 rue Huyghens, 75014 Paris
www.albin-michel.fr

ISBN 2-226-11832-2
N° d'édition : 12147
Dépôt légal : 1ᵉʳ semestre 2001

Sophie Roche

Tout a une fin sauf le saucisson qui en a deux

et autres proverbes du monde entier

Albin Michel

sommaire

mise en bouche   6

sommaire

mise en bouche

Moins encombrant qu'un piano, aussi mobile qu'un portable, plus efficace qu'un Magnum 357, voilà le proverbe. Car avec quelques mots lâchés à bon escient dans une assemblée, vous ferez l'effet d'une bombe !

Voici donc 200 de ces expressions imagées puisées dans 50 pays, 200 proverbes et dictons que j'ai sélectionnés pour leur humour, leur beauté et... parfois leur méchanceté. Alors, un conseil. Savourez ces petits bijoux populaires. Apprenez-en quelques-uns, ils feront le délice de vos proches.

Grâce à ces adages, vous serez riche, en possession d'un trésor inestimable. Ces maximes sont parfois de purs diamants, des sucreries plus savoureuses qu'une cuillerée de miel.

Dans un dîner, vous pourrez jouer les Woody Allen du samedi soir :

> *« Pourvu qu'on ait la santé !*
> *On peut toujours se pendre après. »*

Parole très appréciée dans les réunions du 4ᵉ âge.

On vous découvrira poète, vous rivaliserez avec Fabrice Luchini avec un admirable :

> *« Poussière aux pieds vaut mieux*
> *que poussière aux fesses. »*

Ça vaut bien du La Fontaine.

Vous manierez le cliché, mais avec humour. Au classique :

> *« Il ne faut pas vendre la peau de l'ours... »,*

vous préférerez la version belge :

> *« Ne criez pas "des moules"*
> *avant qu'elles ne soient au bord. »*

On vous devinera philosophe, plutôt tendance brèves de comptoir que disciple de Platon !

> *« Il n'est pas nécessaire d'arriver le matin ;*
> *si tu arrives le soir, tu es arrivé. »*

Formule qui plaira à votre directeur lors de votre atterrissage au bureau à 11 h 20.

Vous serez mystérieux, énigmatique, et donc supposé passionnant :

*« Déteste l'Indien, mais reconnais
qu'il aime les parasols. »*

suscitera forcément des interrogations dans un auditoire. Adoptez alors le sourire de la Joconde et savourez.

Vous saurez également être rustique, pittoresque, voire un tantinet vulgaire. On vous trouvait coincé, réservé ? Le doute sera levé avec le délicieux :

*« Celui qui a la diarrhée n'a pas peur
de l'obscurité. »*

Vous serez direct, franc (les jaloux diront grossier). À un camarade qui s'incruste, vous lancerez négligemment :

*« Un invité est comme le poisson,
après trois jours il pue. »*

Bref, face à toutes les situations de la vie courante, vous aurez enfin à portée de bouche la parole qui fait mouche.

En Afrique, il y a encore quelques années, les proverbes étaient pratiquement considérés comme une science. L'homme qui pouvait « écraser » un adversaire lors d'une joute oratoire, en utilisant le bon proverbe, était hautement considéré. Vous saurez clouer le bec aux casse-pieds et mettre les rieurs de votre côté. Bref, vous pourrez enfin dévoiler vos qualités réelles : méchanceté... et lâcheté. Car le proverbe est une sorte de vérité universelle, une sagesse populaire, anonyme donc, que vous vous contentez de rapporter !

Les proverbes existent depuis toujours. Il y a 5 000 ans, dans l'Antiquité égyptienne, on en trouve déjà la trace. Ces sentences populaires étaient alors gravées directement sur les murs ou sur les bornes le long des routes, comme des pense-bête.

Quand vous vous sentirez parfaitement à l'aise avec ces expressions imagées, il vous viendra sûrement l'envie d'en fabriquer de toutes pièces : les pages blanches finales sont là pour ça.

Et pour le prochain dîner auquel vous serez convié, offrez à votre hôte, non pas une boîte de chocolats, mais ce livre, idéal pour lancer la conversation !

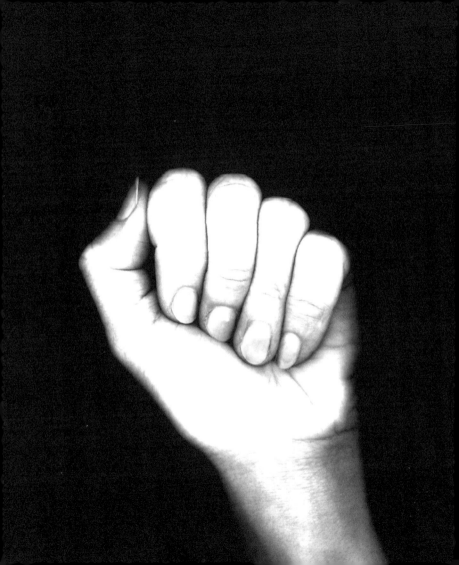

ami

ennemi

Un invité est comme le poisson,

après trois jours, il pue.

Proverbe arabe

Vos paroles sont agréables,

mais ma maison est loin.

EXPRESSION ARABE

Une pierre donnée par un ami

est une pomme.

PROVERBE MAROCAIN

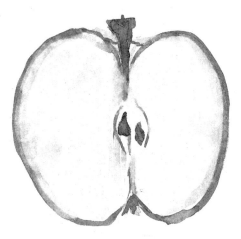

Si ton ami est tout miel,

ne le mange pas tout entier.

16

Après trois jours, l'on s'ennuie
De femme, d'hôte et de pluie.

PROVERBE PROVENÇAL

Le monde est une rose,
respire-la,
et passe-la à ton ami.

PROVERBE KURDE

Garde-toi de l'ami réconcilié

comme de l'air qui vient d'un trou.

PROVERBE ESPAGNOL

L'hôte est beau de dos.[*]

PROVERBE ESPAGNOL

*Quand il s'en va !

Si ta main se couvre de graisse, essuie-la sur tes plus proches amis.*

PROVERBE DU MONDE ARABE

* Si tu as du bonheur, fais-en profiter tes amis.

amour

. . . .

L'amour sans jalousie est comme un Polonais sans moustache.

PROVERBE POLONAIS

Nus et tremblants, au lieu de dîner,

ils se sont acheté un peu de jasmin.

PROVERBE ARABE

Quand la panetière

est vide,

l'amour

dégringole

l'escalier.

PROVERBE PROVENÇAL

À table
comme en amour,
le changement
donne du goût.

Proverbe provençal

L'amour sans folie ne vaut pas une sardine.

PROVERBE ESPAGNOL

Ne cours pas après un homme ou un autobus :

il y en aura toujours un autre.

PROVERBE LATINO-AMÉRICAIN

Caresse d'amoureux

joie d'homme heureux.

Gratterie de galeux,

rien d'un goût aussi

délicieux.

PROVERBE PROVENÇAL

Si on fait l'amour, on meurt.

Si on ne le fait pas, on meurt.

Mieux vaut faire l'amour

et mourir ensuite.

PROVERBE RUSSE

Il ne
fait
jamais nuit
là
où
l'on s'aime.

PROVERBE HUTU (BURUNDI)

L'amour est aveugle, il faut donc toucher.

PROVERBE BRÉSILIEN

Entre mari et femme,

on ne fait pas passer un fil.

Proverbe russe

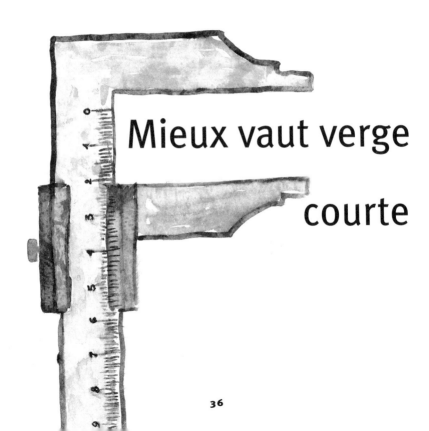

Mieux vaut verge

courte

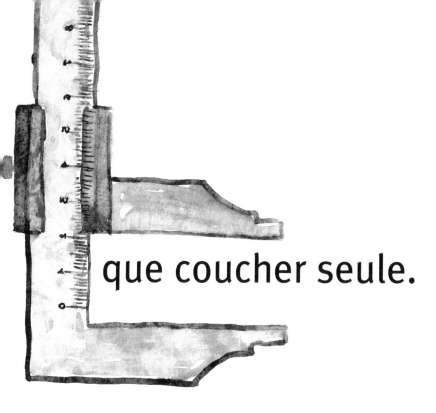

que coucher seule.

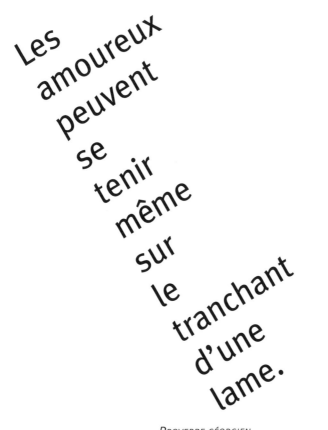

Les amoureux peuvent se tenir même sur le tranchant d'une lame.

PROVERBE GÉORGIEN

L'amour donne de l'esprit
aux femmes
et le retire aux hommes.

PROVERBE ITALIEN

À la chasse
comme en amour,
on commence
quand on veut
et on finit
quand on peut.

PROVERBE ESPAGNOL

On nomme amoureux celui qui,

en courant sur la neige,

ne laisse point de traces de ses pas.

PROVERBE TURC

Qui écrit des lettres d'amour

doit avoir les mains moites.

Proverbe allemand

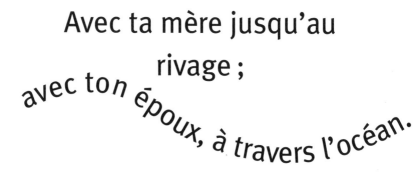

Avec ta mère jusqu'au rivage ; avec ton époux, à travers l'océan.

PROVERBE ALBANAIS

L'amour n'a pas de meilleur ministre

que l'occasion.

PROVERBE NÉERLANDAIS

Un seul frôlement de manches

fait naître l'amour.

PROVERBE JAPONAIS

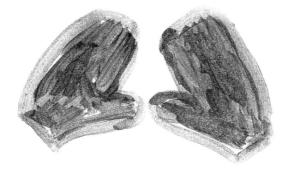

Une parole venue du cœur

tient chaud pendant trois hivers.

PROVERBE CHINOIS

argent

Aucun apprentissage n'est nécessaire

pour devenir mendiant.

PROVERBE JAPONAIS

Pauvreté n'est pas vice,

mais il n'y a pas non plus de quoi se vanter.

PROVERBE YIDDISH

Prêter, c'est acheter une querelle.

Proverbe Indien

La richesse est comme les poils du nez,

si on en arrache beaucoup

ça fait mal,

si on en arrache peu,

ça fait mal aussi.

PROVERBE MALGACHE

Si prêter pouvait servir à quelque chose,

on prêterait même les femmes.

PROVERBE YOUGOSLAVE

Si tu vois l'Espagnol chanter,

c'est qu'il rage

ou qu'il n'a pas d'argent.

PROVERBE ESPAGNOL

Au pauvre, même sa nuit de noces est courte.

PROVERBE POLONAIS

Avec de l'argent on fait parler les morts ;

sans argent,

on ne peut faire taire les muets.

PROVERBE CHINOIS

Retenir ses excréments dans le ventre

n'est pas un remède contre la faim.

PROVERBE TCHADIEN

Quand un chenapan t'embrasse, compte tes dents.

PROVERBE JUIF

avantages

inconvénients

. . . .

Quand tu as bien sucé la cerise,

ne regrette pas le noyau.

PROVERBE PROVENÇAL

Ne deviens pas maire

si tu ne veux pas voir du crottin de cheval

devant ta porte.

PROVERBE CRÉOLE

Même dans le lait frais on trouve des **p** o **i** l **s**.

PROVERBE AFRICAIN

Si tu aimes le chien, tu aimes aussi ses puces.

PROVERBE MBÉDÉ (GABON)

Dieu

Même une tête de sardine

peut exaucer celui qui y croit.

PROVERBE JAPONAIS

Là où Dieu vous a s e m é ,

là il faut fleurir.

PROVERBE TUNISIEN

Le crayon de Dieu n'a pas de gomme.

PROVERBE CRÉOLE GUADELOUPÉEN

La maladie,

enrayez-la d'abord,

puis remettez-vous

entièrement

entre les mains

de Dieu.

PROVERBE ARABE

Dieu n'oublie jamais les siens,

Il enlève la gale, il donne les poux.

PROVERBE LIMOUSIN

Ne blâme pas

Dieu

d'avoir créé

le tigre ;

remercie-le plutôt

de ne pas

lui avoir donné

des ailes.

PROVERBE ÉTHIOPIEN

Le crâne
du chauve
est proche
de  Dieu.

PROVERBE ALGÉRIEN

Où le diable ne peut aller,

sa mère tâche d'y aller.

Proverbe français

Quand le diable n'y peut rien,

il y délègue sa femme.

PROVERBE RUSSE

Dieu

vous accorde

un acheteur ?...

le diable vous envoie

un intermédiaire.

PROVERBE YIDDISH

Les dieux et les fées

se trompent aussi.

PROVERBE CHINOIS

Dieu va aider !...

si seulement il pouvait aider jusqu'à ce qu'il aide.

PROVERBE YIDDISH

La crainte de Dieu et le mal au ventre

sont deux choses qu'on doit croire sur parole.

PROVERBE JUIF

Le chrétien pardonne,
le couillon oublie.

PROVERBE CORSE

famille

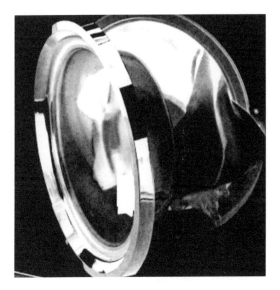

Quand on est bien habillé,
on ne rencontre pas sa belle-mère.

PROVERBE CRÉOLE MARTINIQUAIS

Un mauvais buisson vaut mieux qu'un gendre.

PROVERBE FANG (GABON)

Qu'importe que le fils meure pourvu que la bru

soit privée de mari.

PROVERBE YIDDISH

Quand l'enfant quitte la maison,

il emporte la main de sa mère.*

PROVERBE CHINOIS

* Les bonnes ou les mauvaises manières de sa mère.

En prenant l'enfant par la main,

on prend la mère par le cœur.

PROVERBE DANOIS

On peut aimer sa maison

sans en chevaucher le toit.*

PROVERBE ÉCOSSAIS

*On peut aimer beaucoup les siens sans les couver.

Dieu ne pouvait être partout, alors il a créé la mère.

PROVERBE YIDDISH

femme

· ·

La femme est un fléau :

fasse Dieu qu'il n'y ait aucune maison

sans ce fléau.

PROVERBE PERSAN

À rester trop bien gardée, fille devient mitée.

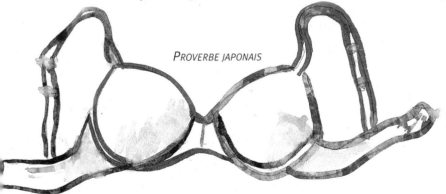

PROVERBE JAPONAIS

Une femme sans homme est comme un poisson

sans bicyclette.

Les filles se souviennent du jour de leur naissance

et en oublient l'année.

Proverbe yiddish

Mieux vaut parler avec une femme

et penser à Dieu,

que de parler à Dieu

et penser à une femme.

PROVERBE YIDDISH

96

Museau de chien, genou de femme

Nez d'Ardéchois et cul de chat

Vous les trouverez toujours

froids.

PROVERBE PROVENCAL

Qui perd sa femme et quinze sous,

c'est grand dommage pour l'argent.

Proverbe provençal

Si la femme était bonne,

Dieu en aurait une.

Proverbe géorgien

La jeune fille qui aime le salsifis

Aura un mari amoureux.

PROVERBE FRANÇAIS

Trois espèces d'hommes
n'entendent rien aux femmes :
les jeunes, les vieux,
et ceux d'entre les deux.

PROVERBE GAËLIQUE

L'eau, le feu et la femme ne disent jamais :

assez.

PROVERBE POLONAIS

Une tente

sans femme

est comme

un violon

sans cordes.

PROVERBE ROUMAIN

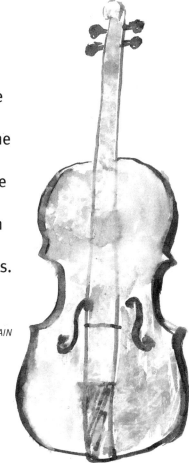

mariage

Les épouses, comme les tatamis,
sont meilleures au début.

PROVERBE JAPONAIS

Si tu n'as pas vu la nouvelle mariée,

n'étends pas la natte.

PROVERBE MALINKÉ (MALI)

Celui qui se marie

fait bien,

celui qui ne se marie pas

fait mieux.

Mieux vaut être

empalé

que mal marié.

Étends ton mari comme du linge sur la terrasse :

si ton destin est de le garder,

il ne se perdra pas.

PROVERBE ÉGYPTIEN

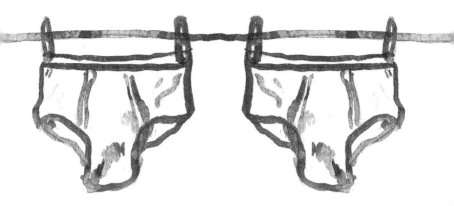

Le chanceux perd sa femme,

le malchanceux perd son cheval.

PROVERBE GÉORGIEN

Un démon prit pour femme une guenon :

le résultat, par la grâce de Dieu,

fut un Anglais !

PROVERBE INDIEN

Le mariage et le melon, par hasard, sont bons.

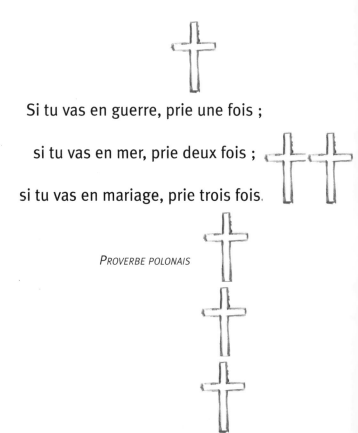

Si tu vas en guerre, prie une fois ;

si tu vas en mer, prie deux fois ;

si tu vas en mariage, prie trois fois.

PROVERBE POLONAIS

Les amoureux rêvent, les époux sont réveillés.

PROVERBE NÉERLANDAIS

En mai, si tu te maries,

Par le soleil ou la pluie,

Ami, crois-moi si tu veux

T'auras des enfants morveux !

PROVERBE FRANÇAIS

La fidélité

est une démangeaison

avec interdiction

de se gratter.

PROVERBE ITALIEN

paresse

· ·

Celui qui se lève tard ne voit pas le lézard

en train de se brosser les dents.

Proverbe masaï (Kenya)

Quand le doigt ne sait où aller,

il entre dans le nez.

PROVERBE BÉTÉ (CÔTE D'IVOIRE)

La chaleur du lit ne fait pas bouillir la marmite.

PROVERBE PIÉMONTAIS

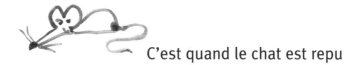

C'est quand le chat est repu

qu'il dit que le derrière de la souris pue.

Proverbe ashanti (Ghana)

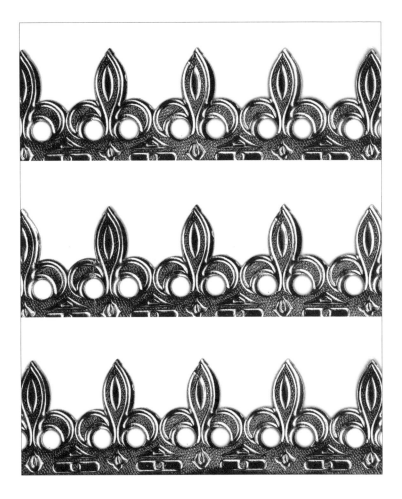

pouvoir

● ●

Le monde est du côté de celui qui est debout.

PROVERBE ARABE

Je suis du côté où le riz gonfle.

EXPRESSION CRÉOLE GUADELOUPÉENNE

Le monde
flatte
l'éléphant
et piétine
la fourmi.

PROVERBE INDIEN

Quand les baleines se battent,

les crevettes ont le dos brisé.

PROVERBE CORÉEN

Si, à midi, le roi te dit
qu'il fait nuit,
contemple les étoiles.

Proverbe persan

Ne demandez pas comme une faveur ce que vous

pouvez obtenir par la force.

PROVERBE ESPAGNOL

Je suis petit mais je fais de gros étrons.

EXPRESSION CRÉOLE GUADELOUPÉENNE

Les pieds ont écrasé du caca,

sale histoire pour les herbes

où s'essuient les pieds.*

PROVERBE CRÉOLE GUADELOUPÉEN

*Quand les riches ont des ennuis, ce sont les pauvres qui trinquent.

Les poux des riches

ont les yeux débridés.*

PROVERBE CHINOIS

*Ce sont toujours les mêmes qui sont privilégiés.

prudence

Qui s'est brûlé

avec du lait

souffle

sur la crème glacée.

PROVERBE TURC

Embrasse le chien

sur la bouche

jusqu'à ce que

tu sois arrivé

à tes fins.

PROVERBE MAGHRÉBIN

Chaque fois que tu as envie de pisser, tu t'aperçois que tu n'as pas de braguette.

PROVERBE CRÉOLE GUADELOUPÉEN

Si le bœuf ne connaissait

pas la largeur

de son derrière,

il n'avalerait pas

des noyaux d'abricots.

PROVERBE CRÉOLE

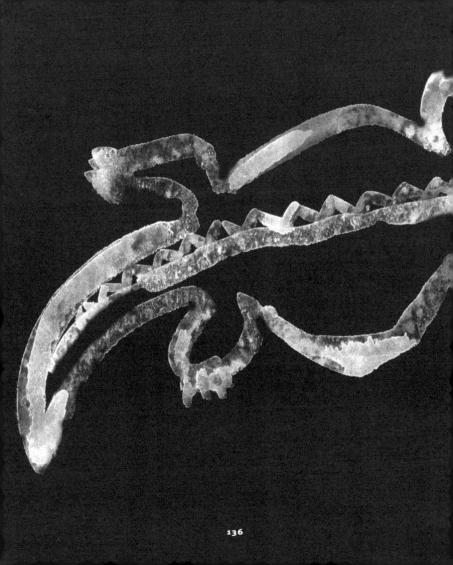

Attends

d'avoir traversé la rivière

pour dire au crocodile

qu'il a une bosse sur le nez.

PROVERBE GHANÉEN

sagesse

Il ne faut pas s'effrayer d'une mauvaise année,

on en a bien deux.

PROVERBE BELGE

Si tu veux être apprécié, voyage ou meurs.

PROVERBE PERSAN

N'ouvrez pas la porte

que vous serez incapable de refermer.

PROVERBE PERSAN

Si tu es pressé, fais un détour.

PROVERBE JAPONAIS

Il n'est pas nécessaire d'arriver le matin ;

si tu arrives le soir, tu es arrivé.

PROVERBE BÉTÉ (CÔTE D'IVOIRE)

Loue le nord, mais reste au midi.

PROVERBE PROVENÇAL

Ne tenez pas la queue du léopard,

mais si vous la tenez, ne la lâchez pas.

PROVERBE ÉTHIOPIEN

Celui qui ne me considère pas

comme du khôl dans son œil,

je le traiterai comme une vieille savate

à mon pied.

PROVERBE ARABE

Être homme est facile,
être un homme est difficile.

PROVERBE CHINOIS

Aime-toi toi-même, et laisse la foule te haïr.

PROVERBE POLONAIS

Quand le chasseur rentre avec des champignons,

on ne lui demande pas des nouvelles de sa chasse.

PROVERBE ASHANTI (GHANA)

Nul ne skie assez doucement pour glisser

sans laisser de traces.

PROVERBE FINNOIS

Ne craignez pas d'être lent,

craignez seulement d'être à l'arrêt.

PROVERBE CHINOIS

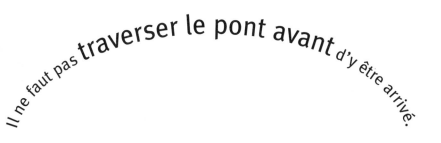

Il ne faut pas traverser le pont avant d'y être arrivé.

PROVERBE ANGLAIS

Un

seul

bracelet

ne

tinte

pas.

PROVERBE PEUL (NIGER)

Le juste et le santal parfument qui les frappe.

PROVERBE SANSKRIT (INDE)

Il ne faut pas
tenter les saints,
à plus forte raison
ceux qui
ne le sont pas.

PROVERBE ITALIEN

Ne fais pas le boudin avant d'avoir tué le cochon.

PROVERBE CRÉOLE

Le cabri fait des crottes

en forme de pilules,

ce n'est pas pour autant

qu'il est pharmacien.

PROVERBE CRÉOLE GUADELOUPÉEN

Il vaut mieux péter en société

que de crever tout seul.

PROVERBE BELGE

Ne criez pas « des moules »

avant qu'elles

ne soient au bord.

PROVERBE BELGE

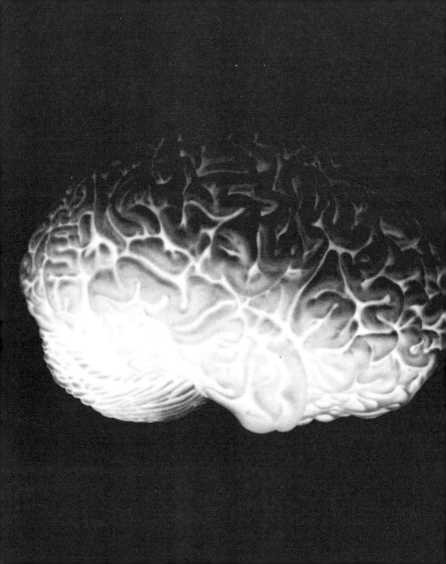

savoir

Une pistache dépourvue de graine est confuse

dès qu'elle ouvre la bouche.

PROVERBE PERSAN

Même la pensée d'une fourmi peut toucher le ciel.

PROVERBE JAPONAIS

La pensée ne paie pas de douane.

PROVERBE DANOIS

Si la barbe

donnait la science,

les chèvres

seraint toutes

docteurs.

PROVERBE PROVENÇAL

Celui qui ignore que son lit est dur,

dort bien.

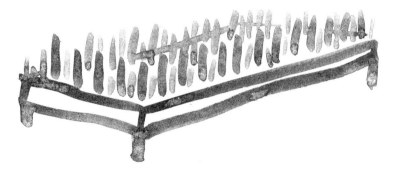

PROVERBE DANOIS

La parole doit être vêtue comme une déesse

et s'élever comme un oiseau.

PROVERBE TIBÉTAIN

travail

Si le travail était une bonne affaire,

on ne paierait pas pour l'exécuter.

PROVERBE CRÉOLE MARTINIQUAIS

Poussière
aux pieds
vaut mieux
que poussière
aux fesses.

Proverbe peul (Niger)

Celui qui n'a pas lutté est fort à la lutte.

Proverbe toucouleur (Sénégal)

Un chien qui se remue

vaut mieux qu'un lion accroupi.

Proverbe arabe

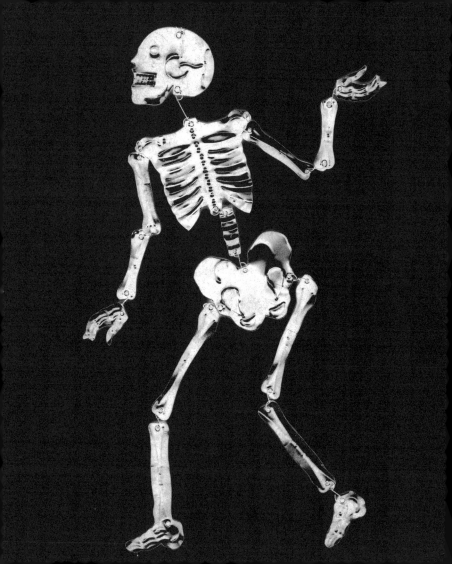

vie

mort

malheur

....

Le mal fait supporter les médicaments.

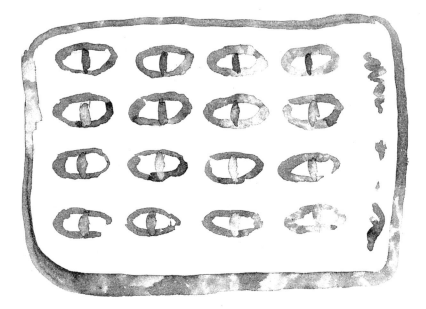

Proverbe maghrébin

La vie est une ivresse
continuelle :
le plaisir passe,
le mal de tête reste.

PROVERBE PERSAN

Quand les chauves meurent,

les regrets en font des têtes bouclées.

PROVERBE KURDE

Ne meurs pas, mon âme !

L'été vient et le trèfle avec lui.

PROVERBE ARABE

Si un malheureux monte dans la montagne,

la pierre lui tombe sur le dos,

même de bas en haut.

Proverbe géorgien

Proverbe géorgien

même de bas en haut.

la pierre lui tombe sur le dos,

Si un malheureux monte dans la montagne,

Quand un homme est fatigué de Londres,

c'est qu'il est fatigué de la vie.

PROVERBE ANGLAIS

Le soleil se couche,

mais le malheur ne se couche pas.

PROVERBE HAÏTIEN

Un jour de loisir, c'est un jour d'immortalité.

PROVERBE CHINOIS

Quand on naît rond, on ne meurt pas carré.

PROVERBE CRÉOLE

La vie n'est qu'un songe !
Mais je t'en prie, ne me réveille pas.

PROVERBE YIDDISH

Pourvu qu'on ait la santé !

On peut toujours se pendre après.

PROVERBE YIDDISH

bric

à

brac

. . . .

Ils dirent au borgne : « La cécité est bien dure ».

Il répondit : « Je connais la moitié de cette histoire ».

PROVERBE ARABE

Si le vœu des élèves était exaucé,

il n'y aurait aucun maître vivant.

PROVERBE PERSAN

Mieux vaut être cocu que maire :

maire, on ne l'est que pour un temps,

cocu, on l'est pour toute la vie.

PROVERBE PROVENÇAL

Je lui parle dans le sens de la longueur,

il me répond dans celui de la largeur.

EXPRESSION TUNISIENNE

Mieux vaut mauvaise réputation

que demeurer dans l'obscurité.

PROVERBE PERSAN

Les seins ne sont jamais trop lourds

pour la poitrine.

PROVERBE CRÉOLE MARTINIQUAIS

Mardi gras

Ne t'en va pas !

Je ferai des crêpes et t'en mangeras !

PROVERBE FRANÇAIS

Si tu craches en haut,

ton crachat retombera sur ton visage ;

et si tu craches en bas,

tu saliras tes vêtements.

PROVERBE ARABE

Déteste l'Indien,

mais reconnais qu'il aime les parasols.

PROVERBE CRÉOLE GUADELOUPÉEN

Celui qui a la diarrhée n'a pas peur de l'obscurité.

PROVERBE MONGO (ZAÏRE)

Cesse de manger

pour que je te réinvite par tam-tam.

EXPRESSION LUNDA (ZAMBIE)

Beaux projets et draps neufs rétrécissent à l'usage.

PROVERBE DANOIS

Une élection sans fraude,

c'est un court-bouillon sans piment.

PROVERBE CRÉOLE

Quand on fait rôtir une pintade,

la perdrix a la migraine.

PROVERBE HAOUSSA (NIGER)

Ayant perdu son cheval, il regarde sous la selle.

PROVERBE ÉTHIOPIEN

Un rêve de beignets, c'est un rêve,

et non pas des beignets.

PROVERBE YIDDISH

Si ma chaussure est étroite,

que m'importe que le monde soit vaste.

PROVERBE TURC

Seule la chaussure sait si la chaussette a des trous.

PROVERBE CRÉOLE

Les blasphèmes font comme les processions

qui reviennent à leur point de départ.

PROVERBE ITALIEN

L'homme est un grain de poivre ;

tant que vous ne l'aurez pas croqué et mâché,

vous ne saurez pas combien il brûle.

PROVERBE ASHANTI (GHANA)

On peut circoncire un chien

mais non pas lui coudre un pantalon.*

PROVERBE MALINKÉ (SÉNÉGAL)

*Ce serait de la folie que de vouloir traiter un chien comme un être humain.

Le tambour d'aisselle est agréable, le tambour

d'aisselle est agréable, et puis zut !*

EXPRESSION MALINKÉ (SÉNÉGAL)

Le tambour d'aisselle est un petit tambour dont les Africains jouent
en le bloquant sous leur aisselle.
*Cela suffit maintenant, il ne faut pas exagérer.

Que tu sois métamorphosé en lustre ;

que tu brûles la nuit et demeures suspendu le jour.

INJURE YIDDISH

La passoire dit à l'aiguille qu'elle a un trou.

PROVERBE BENGALI (INDE)

Mieux vaut avoir de la chance que se lever tôt.

PROVERBE GAËLIQUE

La sincérité est la perle qui se forme

dans la coquille du cœur.

PROVERBE SOUFI (ISLAM)

Un gentleman est un monsieur qui sait jouer

de la cornemuse mais qui s'en abstient.

PROVERBE ANGLAIS

Les buffles qui arrivent en retard

boivent de l'eau troublée.

PROVERBE VIETNAMIEN

La poule a pondu,

Et des douleurs de l'accouchement

Le coq se remet péniblement !

PROVERBE MAROCAIN

Si tu te trompes de chapeau,

assure-toi au moins qu'il te va.

PROVERBE IRLANDAIS

Lorsque le saucisson est trop long,

on y remédie facilement.

PROVERBE DANOIS

Un homme souriant

est comme une pistache ouverte.

PROVERBE DU TURKESTAN

Ce n'est pas le vin qui enivre l'homme,

c'est celui-ci qui s'enivre.

PROVERBE CHINOIS

Si tu sais chanter des berceuses,

que ne t'endors-tu toi-même.

PROVERBE TADJIK

Ce que beurre ni whisky ne peuvent guérir

est incurable.

PROVERBE GAÉLIQUE

Le proxénétisme est préférable

à la magistrature.

PROVERBE PERSAN

Si tu mens, tâche d'avoir bonne mémoire.

PROVERBE ARABE

La truite et le mensonge,

plus c'est gros, meilleur c'est.

PROVERBE ESPAGNOL

Si les joues se prêtent l'une à l'autre la bouchée,

ou elle est chaude, ou elle n'est pas bonne.

PROVERBE GAÉLIQUE

On pardonne plus volontiers

un trou dans le caractère d'un homme

que dans ses vêtements.

PROVERBE ANGLAIS

Quand vous pourrez mettre vos pieds

dans mes souliers, vous parlerez.

PROVERBE ÉCOSSAIS

Si tu vas dans la voiture de quelqu'un,

tu chantes sa chanson.

PROVERBE POLONAIS

Il est difficile d'attraper un chat noir

dans une pièce sombre,

surtout lorsqu'il n'y est pas.

PROVERBE CHINOIS

Il prend les serpents avec les mains des autres.

PROVERBE CHINOIS

Si tu es le préféré de la lune,

que t'importent les étoiles ?

EXPRESSION MAROCAINE

Puisses-tu commettre

tous les péchés de la création

sans éprouver le moindre plaisir.

INJURE YIDDISH

Bavardage est écume sur l'eau,

action est goutte d'or.

PROVERBE TIBÉTAIN

Il faut qu'il y ait du vent

pour qu'on voie le cul des poules.

PROVERBE CHINOIS

Le poisson qui naît dans l'eau

doit mourir dans l'huile.

PROVERBE FRANÇAIS

Tout a une fin,

sauf le saucisson qui en a deux.

PROVERBE DANOIS

INVENTEZ VOS PROVERBES

INVENTEZ VOS PROVERBES

INVENTEZ VOS PROVERBES

INVENTEZ VOS PROVERBES

INVENTEZ VOS PROVERBES

INVENTEZ VOS PROVERBES

INVENTEZ VOS PROVERBES

INVENTEZ VOS PROVERBES

A

AFRIQUE

62

ALBANIE

42

ALGÉRIE

72

ALLEMAGNE

41

AMÉRIQUE LATINE

30

ANGLETERRE

149, 177, 198 206

ARABE

12, 13, 21, 25, 69, 122, 145, 168, 175, 184, 187, 198, 205

B

BELGIQUE

140, 154, 155

BRÉSIL

34

BURUNDI

(HUTU)

33

C

CHINE

45, 55, 76, 84, 129, 146, 148, 178, 202, 208, 210

CORÉE

124

CORSE

79

CÔTE D'IVOIRE

(BÉTÉ, BAOULÉ ET AUTRES)

37, 117, 143

CRÉOLE

61, 135, 152, 179, 190, 193

ma

À LA PETITE JANE,

PARTIE REJOINDRE

LES AUTRES REINES

DE CERILLY.

AMOUR.

MISS POUBELLE

DE NAOUSSA À VANCOUVER

AVEC UNE ESCALE À TORONTO,

BRENT,

LOVE, KISSES AND MANY HUGS.

F. SAGE IMAGE

DESSINS : Miss Poubelle & F. Sage image
CONCEPTION GRAPHIQUE : François Huertas
IMPRESSION ET BROCHAGE : Pollina, 85400 Luçon

Achevé d'imprimer en février 2001
N° d'impression : L 82893
Dépôt légal : mars 2001